Joggeli, chasch au rite?

Joggeli, chasch au rite?

Schwizer Spieli und Sprüchli
illustriert von Karin Widmer
herausgegeben von Eva-Maria Wilhelm

FONA

Siebte Auflage 2017

© 2012 Fona Verlag AG, CH-5600 Lenzburg
www.fona.ch

Für die Herkunft der Verse, soweit nicht Volksmund, verweisen wir auf den Anhang am Schluss dieses Buches.

Redaktion
Eva-Maria Wilhelm, Niederlenz

Gestaltung
FonaGrafik, Hiroe Mori

Illustrationen, Titelschriften
Karin Widmer, Wabern

Druck
Druckerei Kösel, Altusried-Krugzell

ISBN 978-3-03781-051-4

Inhalt

Joggeli, chasch au rite – Spieli

Seite 14

Das isch de Tuume – Fingerversli

Seite 34

Allerlei vo Tier, Zwärge und Mönsche

Seite 46

Schnabelwetzer und Abzellvärsli

Seite 64

Schabernack und Lumpeliedli

Seite 74

Dur s Jahr dur

Seite 90

Chliini Wunder im Alltag

Seite 112

Inhalt

Einleitung   10

Joggeli, chasch au rite – luschtigi Spieli   14
- Joggeli, chasch au rite   15
- So rite di Herre, di Herre   16
- Hopp, hopp, Riter   17
- s Büebli het es Rössli   17
- Rössli, Rössli, schön im Schritt   17
- Rite, rite, Rössli   18
- Rössli, lauf Galopp   19
- Gigampfe   20
- Fahrt es Schiffli über de See   20
- Es gaht es Mannli übers Brüggli   21
- Wenn de Draht laat   22
- Schuemächerli   22
- Liebs Büseli   23
- s Wäbers Chind   23
- Sä, do hesch e Taler   24
- Es chunnt e Bär   24
- Bär im Wald   25
- Brüederli, chumm, tanz mit mir   26
- Frau Meier   27
- Ringel, Ringel, Reie   28
- Anke stosse   29
- Sässeli träge   29
- Goldige Ring   30
- Ri, ra, rutsch   31
- Tschipfu, tschipfu, en Isebahn chunnt   31
- Holderibock   32
- Rössli bschla   33
- Vater, Mueter   33
- Wie gross isch s Meiteli   33

Das isch de Tuume – Fingerväŕsli   34
- Birli schüttle   35
- Dä reist dur d Wält   36
- Föif Söili   37
- Über s Wägli   38
- Dä isch i Bach gfalle   38
- Fänschterli zue   38
- Föif Ängeli   39
- s Chübeli   40
- Zmorge   40
- Mini Müli, dini Müli   41
- Afrika   41
- Schiffli fahre   42
- Zwei Meiteli göhnd go Wasser hole   43
- Das isch de Tuume   44
- Das isch de Beckersmaa   44
- Öpfelbrei und Chüechli   45
- Dä heisst Tuume   45

Vo Tier, Mönsche und Zwärge   46
- Wenn mis Büebli/Meiteli laufe cha   47
- s Sünneli schiint   47
- Am schöne grüene Nil   48
- Eusi Chatz het Jungi gha   48
- Eia popeia   50
- Tirlitänzli, Chatzeschwänzli   50
- Chemifäger, schwarze Maa   51
- Meiteli, tue d Hüener i   52
- s Marieli   52
- Güggerüggü   53
- Vo Söiline   54
- Am Vitzestollebärgli   55
- Jo eusi Tante Doretee   55
- Det uf säbem Bärgli   56
- Himperli und Pimperli   58
- De Joggeli wott go Birli schüttle   60
- Inestäche, umeschlaa   62
- De Hansdampf im Schnäggeloch   62
- Vom Riis Timpetu   63

Schnabelwetzer und Abzellvärsli	**64**	**Schabernack und Lumpeliedli**	**74**
De Papscht	65	Es isch emol e Maa gsi	75
Lüthis Lüti	65	Teller fäge	75
Gang geng gredi gäge Gümlige	66	Ufem Bi-Ba-Bohnebärg	76
Chliini Chinder	66	d Chatze göhnd i d Chile	77
z Schwyz am Ziit schiint d Sunne	67	Sitze Si, hocke Si	77
Schang stand uf	67	A B C D E	78
Wenn din Bueb mim Bueb	68	Wer nid chunnt zur rächte Ziit	79
Wenn hinder Flüge Flüge flüge	69	De Hetti und de Wetti	79
A, b, c,	69	Wer chochet was?	79
Öpfel, Bire, Nuss	69	De Hansli am Bach	80
Azelle, Bölle schelle	70	s Emmi und s Chlemmi	80
Eis, zwei, drei	70	Ich au!	80
Eis, zwei, drü	71	Trummle	81
Eiche, Bueche, Tanne	72	Marschmusig	81
Hinder Hausi Hannes Huus	72	Örgeli, Örgeli, Örgelimaa	82
Uf de Rapperswiler Brugg	73	Alt isch nid neu	82
Redli, Redli lauf	73	De König het es Schloss	83
		Strubelimutz	84
		De Gschiiter git naa	84
		Schuelsprüchli	85
		Die letscht Chue	86
		Sind er eue mängs?	86
		Zinggelibingg	87
		Chasch du rede und pfiiffe	88
		De Mäntig het zum Ziischtig gseit	88
		Fürli amache	89
		Joseppli, Scheppeppli	89

Dur s Jahr dur	**90**
I kenne e Mueter	91
Zum Geburtstag	92
Neujahr	93
Jahresaafang	93
Es neus Jahr	93
s chliine Bööggli	94
Fasnacht	94
Hinderem Huus und vorem Huus	95
April, April	96
Huja, der Achermaa säit	96
Chumm, mer wänd is Gärtli gah	97
Diri diri deine	98
Chübeli, Züberli, Salzfass	98
Mach ken Lätsch	99
Rägefass	99
Grossi goldigi Summervögel	100
Es Mannli staht im Wald	101
Räbeliechtli	102
Schneeflöckli, Wiissröckli	103
Es schneielet	104
Samichlaus, wie bin i froh	105
Sami Niggi Näggi	105
Samichlaus, chumm, los no gschwind	106
Samichlaus, wo chunnsch du her	106
Zfride	106
Es Liechtli chunnt de Fäldwäg ii	107
Im Winter	108
Wienacht	109
Silväschter	110
Hüt isch Silväschter	111

Chliini Wunder im Alltag	**112**
Heile, heile, Säge	113
Heile, heile, Chätzli	113
Hixi Häxi	114
Eimol!	114
Am Morge	115
Spiis Gott, tränk Gott	115
Wickle, wickle	115
Chindli mii, schlaf jetz ii	116
Schlaf, Chindli, schlaf	116
Nina Wiegeli	117
Am Obe	117
Jetz gahni i mis Bettli	118
Wiegelied	119
Nachtigall	120
Index	**121**

Einleitung

Kinder lieben spannende Erlebnisse. Und es ist als Erwachsener so einfach, ihnen die Tür zu diesem Glück zu öffnen. Zum Beispiel, indem man einen alten Spielvers hervorzaubert und sich die Zeit nimmt, ihn mit dem Kind zusammen durchzuspielen. Denn es gibt einen Schatz an überlieferten Spielen und Versen, dank dem man für einen Moment alle Beschwernis vergessen und eintauchen kann in die schaurig-schönen, spannenden Abenteuer, die die kleinen Reiter oder Weltenbummler oder Zwerge zu überstehen haben.

Meine Grossmutter war von einer belastenden Krankheit geplagt und hatte das Lachen eigentlich verlernt. Sie nähte wunderschöne Bettwäsche, aber weil sie immer alles ganz exakt machen wollte, waren Ängste und Sorgen in ihrem Leben allgegenwärtig. Wie überraschend war es deshalb für mich immer wieder, wenn sie eines von uns Kindern auf die Schoss nahm und «Wibi wäbi wupp» machte, den «Joggeli» oder den «Holderibock»! Sie war auf einmal ein ganz anderer Mensch, strahlte übers ganze Gesicht und lachte mit uns Kindern. Es waren Momente puren Glücks. Ich kann mich gut erinnern, dass ich mich damals fragte, warum sie nicht immer so sein konnte. Sie hat uns einen unvergesslichen Schatz mitgegeben: Ausser den glücklichen Momenten und der unauslöschbaren, liebevollen Erinnerung an sie haben wir eine ganze Fülle an Versen und Sprüchen geschenkt bekommen, die uns später immer begleitet haben.

Rhythmische Spiele und Verse schaffen und vertiefen den Kontakt zwischen Erwachsenen und Kindern. Zugleich fördern sie auf spielerische Weise die Sprach- und Intelligenzentwicklung. Und es gibt ein paar Sprüche, die einen erlaubterweise eine ungehobelte, urtümliche oder sogar unanständige Sprache sprechen lassen. Aber auch ganz feine, poetische Verse und Spiele gibt es, die Kinder sehr lieben, besonders am Abend oder wenn sie traurig sind. Die in der Kindheit noch offenstehende Tür zur unsichtbaren Welt wird dank dieser geheimnisvollen Sprüche nie ganz ins Schloss fallen.

Da die meisten Sprüche überliefertes Volksgut sind und sich von Gegend zu Gegend und von Familie zu Familie leicht unterscheiden, ist es eine Unmöglichkeit, alle Varianten in einem Buch abzudrucken. Ebenso verhält es sich mit den Mundartausdrücken – es gibt wohl so viele Mundarten wie Menschen! Die aufgenommenen Versionen sollen deshalb einfach eine Spur andeuten, genauso wie die Anleitungen: Es darf munter selbst erinnert, interpretiert und variiert werden!

Mit ihren Illustrationen hat Karin Widmer nach dem Chinderliederbuch ein weiteres Buch geschaffen, das Kinder, Eltern, Grosseltern, Pädagogen und Therapeuten freuen wird. Mit feinem Gespür vermittelt sie, dass das Leben zwar nicht einfach, aber unbedingt lebens- und liebenswert ist, vor allem, wenn man darüber und miteinander lachen kann.

Möge dieses Buch den kleinen und grossen Menschen viel Freude machen.

Eva-Maria Wilhelm

Joggeli, chasch au rite-Spieli

Joggeli, chasch au rite

Joggeli, chasch au rite? – Jo, jo, jo.
Uf allne beide Site? – Jo, jo, jo.
Hesch em Rössli z frässe gäh? – Jo, jo, jo.
Hesch em Rössli z trinke gäh? – Nei, nei, nei.
Denn rite mir gschnäll zum Brunne
und rite drümol ume.
Da macht das Rössli tripp und trapp
und rüert de Joggeli hinderzi ab!

*Kind auf den Knien reiten lassen, bei den Händen halten;
bei «hinderzi ab» die Knie öffnen und das Kind nach hinten hinunterkippen
lassen (allenfalls am Rücken gut stützen).*

So rite di Herre, di Herre

So rite di Herre, di Herre, di Herre.
So rite di Puure, di Puure, di Puure.
So ritet de Hudlemaa, de Hudlemaa, de Hudlemaa.

Kind auf den Knien reiten lassen, zuerst ganz fein, dann etwas heftiger, schliesslich ungestüm und holperig.

Hopp, hopp, Riter

Hopp, hopp, Riter,
fallt er hi, so liit er.
Fallt er uf ene Stei,
so bricht er sich es Bei,
fallt er in e Grabe,
so frässe ne föif Rabe,
fallt er in e Sumpf,
so macht de Riter plumps.

*Kind auf den Knien reiten lassen. Bei «plumps»
Knie öffnen und das Kind mit den Armen auffangen.*

s Büebli het es Rössli

s Büebli het es Rössli,
s wott rite ufenes Schlössli.
Hopp, hopp, hopp,
Rössli, lauf Galopp.
S Rössli wott nid laufe,
s Büebli wotts verchaufe.
Da lauft es trapp, trapp, trapp,
und wirft das Büebli ab.

*Kind auf den Knien reiten lassen. Am Schluss die
Knie öffnen und das Kind mit den Armen auffangen.*

Rössli, Rössli, schön im Schritt

Rössli, Rössli, schön im Schritt,
nume nid gschprängt, i wett au mit.
Trapp, trapp, trapp, gahts gschwinder scho,
gump ich aber im Galopp,
denn gahts no gschwinder, hopp, hopp, hopp.

*Kind auf den Knien reiten lassen, zuerst schön gemächlich,
dann etwas schneller, schliesslich im Galopp.*

Rite, rite, Rössli

Rite, rite, Rössli,
z Bade staht es Schlössli,
z Basel staht es goldigs Huus,
da luege drei Mareie drus.
Di erschti spinnt Side,
di zweiti schnätzlet Chride,
di dritti spinnt Haberstrau,
bhüet mer Gott mis Schätzeli au.

*Kind auf den Knien reiten lassen, bei den Händen halten;
bei «bhüet mer Gott» die Knie öffnen und das Kind nach hinten hinunterkippen
lassen (allenfalls am Rücken gut stützen).*

Variante
Rite, rite Rössli,
z Thun staht es Schlössli,
z Bärn staht es goldigs Huus,
luege det drei Jumpfere drus.
Di eint spinnt Side,
di ander schnätzlet Chride,
di dritt, die gaht zum Brunne
und het es Büebli/Meiteli gfunde.
Wie söll das Büebli/Meiteli heisse:
Gibeli oder Geisse?
Wer mues em d Windeli wäsche?
Die alti Plaudertäsche.

*Kind auf den Knien reiten lassen; am Schluss die Köpfe sanft zusammen
putschen und Stirnen und Nasen aneinanderreiben.*

Rössli, lauf Galopp

Hopp, hopp, hopp,
Rössli, lauf Galopp.
Über Stock und über Stei,
aber brich dir ja kes Bei.
Hopp, hopp, hopp, hopp, hopp,
immer im Galopp.

Hopp, hopp, hopp,
Rössli lauf Galopp.
Über Stock und Stei und Grabe
mues das Rössli witer trabe.
Hopp, hopp, hopp,
mis Rössli lauft Galopp.

Variante
Hopp, hopp, hopp,
Rössli lauf Galopp!
s Rössli wott nid laufe,
de Riter wetts verchaufe.
Do macht das Rössli trapp, trapp, trapp
und rüert de Riter ab.

Kind auf den Knien reiten lassen. Am Schluss nach hinten kippen lassen und mit den Armen auffangen.

Gigampfe

Gigampfe,
Wasser stampfe,
goldige Ring,
Rössli spring!

Variante
Gigampfe,
Wasser stampfe,
rote Wii und Zucker drii,
gäll du Schätzeli, du bisch mii.

Kinder stehen Rücken gegen Rücken mit eingehängten Ellbogen und heben sich abwechselnd hoch.

Fahrt es Schiffli über de See

Fahrt es Schiffli über de See,
gwaggelet hin und her,
chunnt en starche Sturm
und wirft das Schiffli um, um, um!

Beide sitzen sich am Boden gegenüber, Beine leicht gegrätscht, beide Hände haltend. Beim Sprechen vor- und zurückwippen, am Schluss seitlich umkippen.

Es gaht es Mannli übers Brüggli

Es gaht es Mannli übers Brüggli,
s Brüggli chrachet,
s Mannli lachet,
s hets nid treit,
s isch abegheit.

Variante
Lauft es Männli übers Brüggli,
treit es Säckli übers Rüggli.
s Männli lachet,
s Brüggli chrachet.

Kind auf den Knien reiten lassen. Am Schluss nach hinten kippen lassen und mit den Armen auffangen.

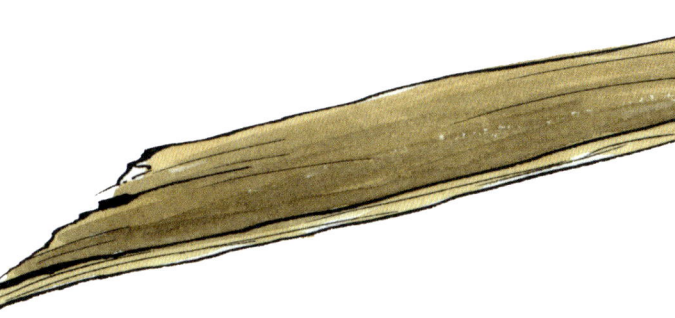

Wenn de Draht laat

Das Kind auf den Knien leicht reiten lassen.

Schuemächerli, Schuemächerli,
wenn flicksch mer mini Schue?
Am Mäntig nid,
am Ziischtig nid,
am Mittwuch nid,
am Donschtig nid,
am Friitig nid.

Pause, innehalten, Spannung entstehen lassen. Dann wieder reiten lassen und dasselbe noch zweimal genau gleich wiederholen.

Schuemächerli, Schuemächerli,
wenn flicksch mer mini Schue?
Am Mäntig nid,
am Ziischtig nid,
am Mittwuch nid,
am Donschtig nid,
am Friitig nid.

Mit etwas lauter werdender Stimme wiederholen:

Schuemächerli, Schuemächerli,
wenn flicksch mer mini Schue?

Und jetzt kommt die Antwort:

Wenn de Draht laat.
Wenn laat de Draht?
Wenn er abe laat.
Wenn laat er abe?
Grad jetz!

Bei «grad jetz» lässt man es nach hinten plumpsen (mit den Armen auffangen).

Schuemächerli

Schuemächerli, Schuemächerli,
was choschte mini Schue?
Drü Bätzeli, drü Bätzeli
und d Negeli derzue.

Drü Bätzeli, drü Bätzeli,
das isch mer wärli z tür.
Da lauf i lieber barfuess
durs Wasser und durs Für.

Liebs Büseli

Liebs Büseli, liebs Büseli,
bösi, bösi Chatz.

*Zuerst streichelt man den Handteller des Kindes, dann
krault man ihn ziemlich heftig oder schlägt leicht darauf.*

s Wäbers Chind

Wibi wäbi wupp,
s Wäbers Chind sind blutt.
Si hocke ufem Stüeli
und blätze iri Schüeli,
do chunnt es wisses Chätzli
und stilt ne iri Blätzli.

Variante Fortsetzung

… und springt demit zum Fänschter us
über d Bäum is nächschte Huus.
Chunnts denn wider hei,
hets es Schübeli Dräck am Bei.

*Das Kind sitzt auf den Knien des Erwachsenen, die beiden halten sich
an den Händen und bewegen diese vor und zurück wie ein Weberschiffchen.
Ab «blätze» schlägt man die Hände flach auf die Oberschenkel.*

Sä, do hesch e Taler

Sä, do hesch e Taler.
Gang, chauf demit e Chue
und es chliis, chliis Chälbeli dezue!

Man legt die Hand des Kindes mit Handteller nach oben in die eigene Hand. Bei «Taler» und «Chue» schlägt man mit der flachen Hand leicht auf die des Kindes, bei «chliis» beginnt man es ganz leicht und schnell in der Handfläche zu kitzeln.

Es chunnt e Bär

Es chunnt e Bär
vo wiit, wiit her.
Wo wott er hi?
Zum … (Name des Kindes).

Variante
Es chunnt e Bär.
Wo chunnt er her?
Wo wott er us?
Is (Name des Kindes)-Huus!

Mit Zeige- und Mittelfinger langsam über den Bauch des Kindes hochwandern und das Kind am Kinn kitzeln.

Bär im Wald

Chumm, mer wänd go Beeri sueche,
s het jo gar ken Bär im Wald.
Am eis nid, am zwei nid, am drü nid,
am vieri nid, am föifi nid, am sächsi nid,
am sibni nid, am achti nid, am nüni nid,
am zähni nid, am elfi nid …
am zwölfi chunnt de Bär!

Variante
Chumm, mer wänd go Beeri sueche,
s het jo gar ken Wolf im Wald.
Am eis nid, am zwei nid, am drü nid,
am vieri nid … (usw. bis elf) …
am zwölfi chunnt de Wolf!

Ein Kind: Mit den Fingern langsam über den Bauch von unten nach oben wandern und bei «zwölfi» unter dem Kinn kitzeln.
Gruppe: Die Kinder legen einen Platz fest, an dem sie daheim und nicht fangbar sind. Ein Kind versteckt sich als Bär, während die andern zu zweit eingehängt spazieren. Bei «zwölfi» kommt der Bär und versucht ein Kind zu fangen. Alle versuchen sich in Sicherheit zu bringen. Kann der Bär eines erhaschen, übernimmt es die Rolle des Wolfs bzw. Bärs.

Brüederli, chumm, tanz mit mir

Brüederli, chumm, tanz mit mir,
beidi Händli gib i dir.
Eimal hii, eimal her, zringelum, das isch nid schwer.

Mit de Händli klapp, klapp, klapp,
mit de Füessli trapp, trapp, trapp.
Eimal hii, eimal her, zringelum, das isch nid schwer.

Mit em Chöpfli nick, nick, nick,
mit de Fingerli tick, tick, tick.
Eimal hii, eimal her, zringelum, das isch nid schwer.

Ei, das hesch grossartig gmacht,
So ne Freud, mis Härzli lacht.
Eimal hii, eimal her, zringelum, das isch nid schwer.

Jetzt fönd mir grad nomol a,
will i so fescht Freud dra ha.
Eimal hii, eimal her, zringelum, das isch nid schwer.

Variante
Sunnechringeli, Röselichranz,
chumm, mis Chindli, chumm zum Tanz.
usw.

Frau Meier

Dingdong!
Frau Meier, isch öpper deheime?

Der eine tippt dem andern auf die Nase.

Jo!
Darf i ufecho?
Hm, händer ken Hund derbii?
Nei, nei.
Denn chömed nume ufe!

*Beide halten je eine Hand mit ausgestreckten Fingern an
die eigene Nasenspitze und berühren sich bei den kleinen Fingern.*

Trapp, trapp, trapp, trapp ...

*Der Besucher tappt mit Zeige- und Mittelfinger der anderen Hand wie über eine
Treppe zu Frau Meier hoch. Wenn er bei ihrer Nase angelangt ist, spreizt er beide
Hände gegen ihr Gesicht, ohne es zu berühren und ruft*

Wuff!

Ringel, Ringel, Reie

Ringel, Ringel, Reie,
d Chinder göhnd i d Meie,
d Buebe göhnd i d Haselnuss,
si mache alli husch, husch, husch.

Ringel, Ringel, Rose,
schöni Aprikose,
Veieli und Vergissmeinnicht,
alli Chinder dreie sich.

Ringel, Ringel, Reie,
d Chinder sind im Freie,
si tanze um e Holderstock
u mache alli Bodehock.

Ringel, Ringel, Reie,
im Garte staht e Chräie,
spaziert im schwarze Sunntigsfrack
und het ke Rappe Gäld im Sack.

Variante
Ringel, Ringel, Reie
bim Beck gits Öpfelwäie,
mer äsne alli zäme uf,
de Beck chunnt mit em Stecke druf,
Ringel, Ringel, Reie.

Anke stosse

Anke stosse, Anke stosse,
beide Hände halten das Unterärmchen und werden gegeneinander gestossen

Bälleli mache, Bälleli mache,
das Ärmchen zwischen den Händen rollen

striiche, striiche,
Streichbewegungen auf dem Arm

… ufässe!
in den Arm beissen

Sässeli träge

Sässeli träge,
niemerem säge,
Chäller abe gah,
Moscht uselaa
und das Schätzeli troole laa.

Zwei Kinder flechten ihre Hände ineinander, indem sie sich hinter dem Handgelenk fassen; auf die Hände setzt sich ein drittes, und nun marschieren sie vorwärts; zum Schluss lassen sie das Kind fallen.

Goldige Ring

**Gigampf, Rössli stampf!
Goldige Ring, Rössli spring!**

Man bildet einen Kreis, ein Kind geht aussen herum und sagt das Sprüchlein, bevor es einem andern Kind leicht auf den Rücken schlägt. Nun rennen beide in der entgegengesetzten Richtung um die Wette. Wer zuerst die Lücke erreicht, darf in den Kreis stehen, das andere beginnt das Spiel von vorn.

Ri, ra, rutsch

Ri, ra, rutsch,
mir fahre mit der Gutsch,
und wenn de König z fahre chunnt,
so chehre mir wider um.

*Erwachsener und Kind fassen sich mit vor dem
Bauch gekreuzten Armen an den Händen
und marschieren im Takt. Bei «um» kehren sie durch
Ziehen der Kreuzfassung rasch um, und der Vers
beginnt von Neuem.*

Variante
Chumm, mir wänd go wandere,
vo einer Stadt zur andere,
und wenn de König Kaiser chunnt,
so chehre mir wider um.

Tschipfu, tschipfu, en Isebahn chunnt

Tschipfu, tschipfu, en Isebahn chunnt,
Chinder göhnd uf d Site,
wer im Sack es Bilet het,
dä darf au mitrite.

Holderibock

Holderi, holderi, holderibock,
wie mänge Finger streckt de Bock?

Das Kind legt den Kopf in den Schoss des Erwachsenen, während dieser leicht mit den Fäusten den Rhythmus auf seinen Rücken trommelt. Nach der Frage streckt er eine beliebige Anzahl Finger in die Höhe. Hat das Kind die Zahl genannt, wird weiterklopfend entsprechend Folgendes gesagt:

Hesch es guet/nid errate,
git e/kei guete Brate.
Messer oder Gable?

Antwortet das Kind «Messer», schneidet man mit dem Handrücken kreuz und quer über den Rücken und sagt:

Schniide! Schniide!

Danach sticht man mit den Fingern wie eine Gabel und sagt:

Stäche! Stäche!

Antwortet das Kind jedoch «Gable», wird zuerst gestochen und dann geschnitten. Zum Schluss gibt man ihm einen leichten Klaps und sagt:

Und en Löffel dezue!

Rössli bschla

Rössli, Rössli, Rössli bschla,
wi mängs Negeli mues i ha?
Eis, zwei, drü, vier, föif, sächs, sibe, acht –
jetz ischs gmacht.
Beim Anziehen der Schuhe.

Vater, Mueter

Vater, Mueter, i ha Hunger.
Wo? Wo?
Da!
Man betupft die Ohren (Vater), die Augen (Mutter), die Nasenspitze (Wo?), das Grübchen unter der Nase (Wo?) und den offenen Mund (Da!).

Wie gross isch s Meiteli

Wie gross isch s Meiteli/Büebli?
Soo gross!
Der Erwachsene hebt nach der Frage die Arme des Kindes in die Höhe.

Das isch de Tuume
– Fingerversli

Birli schüttle

Dä gaht go Birli schüttle,
dä hilft am Bäumli rüttle,
dä list d Birli uf,
dä treits hei, de Bärg duruf,
und dä Chlii lit fuul im Gras,
plumps, fallt em e Bir uf d Nas!

Bei den Fingerversli wird jeweils der Daumen aufgestreckt und angetippt; danach wird Finger um Finger angetippt und der entsprechende Satz dazu gesagt.

Dä reist dur d Wält

Dä reist dur d Wält,
dä git em s Gäld,
dä schenkt em e neue Rock,
dä git em en Wanderstock,
und dä Chlii seit: Bittibitt,
gäll, du nimmsch mi au grad mit.

Föif Söili

Föif Söili chöme cho z laufe,

Finger laufen als Schweinchen über den waagrecht gehaltenen Arm.

de Puur wott si go verchaufe.

Der Reihe nach die Fingerspitzen der einen Hand mit dem Zeigefinger der anderen Hand antippen, beim Daumen beginnen.

s Schnüffelnäsli,
s Waggelöhrli,
s Ringelschwänzli,
s Chugelränzli;
aber s chliinschte, s Wädlibei,
seit: «Chumm, mir springe schnäll wider hei!»

Alle Finger laufen, begleitet von Grunzgeräuschen, über den waagrecht gehaltenen Arm zurück.

Über s Wägli

Über s Wägli
springt es Häsli,
dä hets gschosse,
dä hets gschlachtet,
dä hets brate,
dä het s Tischli teckt,
und dä chlii Stumpe
het alli Teller suber gschläckt.

Dä isch i Bach gfalle

Dä isch i Bach gfalle,
dä het ne use zoge,
dä het ne heitreit,
dä het ne i s Bett gleit,
und dä het Vater und Mueter alls verzellt.

Fänschterli zue

Fänschterli zue,
Augen mit Zeigfinger leicht zudrücken.

Lädeli zue,
Ohren kurz nach vorne klappen.

Türe zue,
Lippen sanft zusammendrücken.

zuebschlüsse.
An der Nase drehen.

Föif Ängeli

Föif Ängeli, die händ gsunge,
föif Ängeli chöme gschprunge,
s erschte blast es Fürli aa,
s zweite stellt es Pfänndli druf,
s dritte rüehrt es Bäppeli drii,
s vierte tuet brav Zucker drii,
s föifte seit: »I richte aa,
iss min liebe Hanselimaa.«

s Chübeli

s Chübeli rünnt,
s Chübeli rünnt,
s Chübeli mues zum Binder.
Übermorn, wenn d Sunne schiint,
mues das Chübeli fertig sii!

Die Fäuste übereinanderhalten; jeweils die obere Faust unter die untere bewegen. Kann auch mit Kieselsteinen oder Murmeln gespielt werden, welche man jeweils von der oberen Faust in die untere rieseln lässt.

Zmorge

Dä sitzt still und froh am Tisch.
Dä bringt Weggli, herrlich frisch.
Dä schänkt Milch und Kafi i.
Dä tuet echli Zucker drii.
Dä seit: Lass es no es bitzeli stah,
s Büsi mues au no Zmorge ha.

Mini Müli, dini Müli

Mini Müli gaht,
dini Müli staht.
Mini mahlet Wissmähl,
dini nume Sagmähl.
Mini Müli gaht,
dini Müli staht.
Mini mahlet Zuckerärbsli,
dini nume Chatzedräckli.

Variante
Mini riibt Chäs und Brot,
dini liidet Hungersnot.

Handrücken aufeinanderlegen, die kleinen Finger ineinanderhaken und abwechselnd Daumen und Zeigefinger der rechten und der linken Hand auf- und zuklappen.

Afrika

Dä gaht uf Afrika,
dä luegt em truurig na,
dä winkt ade, ade,
dä seit «uf Widerseh»,
und dä rüeft: «Pass uf, im Nil,
da hets es grosses Krokodil
... und das schnappt di!»

Einen um den andern Finger hochstrecken, mit dem Daumen beginnend und jeweils mit dem Zeigefinger darauf tippen. Am Schluss mit beiden Armen zuschnappen.

Schiffli fahre

Fraueli, wottsch go Schiffli fahre?
Ja, ja, ja.
Hesch nid Angscht vor Wind und Sturm?
Nei, nei, nei.
Do wiggelets, do waggelets,
do läärt das Schiffli us
und s Fraueli fallt drus.

*Mit den Händen ein Schiffchen formen, der eine Daumen legt sich,
der andere steht aufrecht und ist das «Fraueli». Das Schiffchen wird dem Text
entsprechend bewegt.*

Zwei Meiteli göhnd go Wasser hole

Zwei Meiteli göhnd go Wasser hole,
zwei Büebli göhnd go pumpe.
Da luegt de Herr zum Fänschterli us:
«Guete Tag, ir liebe Stumpe!»

*Handrücken aufeinanderlegen, die kleinen Finger, Ringfinger und Mittelfinger
ineinanderhaken und bei «Meiteli» Daumen und Zeigefinger der rechten,
bei Büebli der linken Hand bewegen. Beim «Herrn» die Hände, ohne die Finger
zu lösen, gegen innen drehen, so dass der rechte Daumen zwischen linkem
Daumen und Zeigefinger hindurchschauen kann.*

Das isch de Tuume

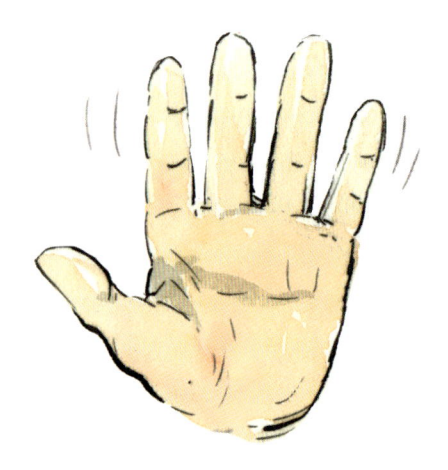

Das isch de Tuume
dä schüttlet Pfluume,
dä list si uf,
dä treit si hei,
und dä chlii Stumpe
isst si alli ganz elei.

Beim Daumen beginnend jeweils Finger um Finger antippen.

Das isch de Beckersmaa

Das isch de Beckersmaa mit sim runde Büchli da.

Den Daumen hochhalten und über seine Rundung streichen.

Und das sind sini Gselle, vo dene will ich eu öppis verzelle.

Die andern Finger nacheinander antippen.

Dä sött all Tag s Brot guet bache und tuet nur gigele und lache.
Dä sött Weggli go verträge und troolet ume uf de Stäge.
Dä macht d Guetzli z chlii und tuet in Teig zvill Zucker drii.
Dä sött d Torte schön garniere und tuet derbii s ganz Gsicht verschmiere.
Jetzt chunnt aber de Beckersmaa: «Was isch das für en Ornig da?»
So schimpft er fescht mit jedem Gsell und jagt ne furt grad uf der Stell!

Wieder den Daumen hochhalten und einen Finger nach dem andern aufstrecken, bei «jagt ne furt» alle wieder nach unten klappen.

Öpfelbrei und Chüechli

Der erscht frogt: Was gits z Mittag?
De zweit meint: Öpfelbrei und Chüechli.
De dritt: s Rezäpt staht im Büechli.
De viert: d Eier sind im Schaft.
Und dä chlii Stumpe lacht: näbem Biresaft!

Dä heisst Tuume

Dä heisst Tuume,
dä isst gärn Pfluume,
dä seit: wo näh?
Dä seit: stäle!
Dä seit: E, e, e, em Mueterli säge.

Allerlei vo Tier, Zwärge und Mönsche

Wenn mis Büebli/ Meiteli laufe cha

Wenn mis Büebli/Meiteli laufe cha,
mues es Schue und Strümpfli ha,
und en nagelneue Huet:
Denne gfallts de Lüte guet.

s Sünneli schiint

s Sünneli schiint,
s Vögeli griint,
s Spinnli uf em Lädeli
spinnt es Sidefädeli.
Es spinnt en lange Fade,
vo Züri bis uf Bade,
vo Bade bis zum Hauestei,
vom Hauestei bis wider hei.

Am schöne grüene Nil

Am schöne grüene Nil,
da schlaft es Krokodil,
es het es grosses Muul
und liit im Sand ganz fuul.

Eusi Chatz het Jungi gha

Eusi Chatz het Jungi gha
inere alte Zeine.
Ich hätt selle Götti sii,
do bin i nid deheime.

Eusi Chatz het Jungi gha,
sibni, achti, nüni.
Drü händ roti Pfötli gha
und Fläckli alli nüni.

Eia popeia

Eia popeia,
was räblet im Stroh?
s Chätzli wott stärbe
und d Müsli sind froh.

Tirlitänzli, Chatzeschwänzli

Tirlitänzli, Chatzeschwänzli,
s Chätzli wott go muuse.
s Müsli isch is Löchli gschloffe
und cha nümme use.

Tirlitänzli, Chatzeschwänzli,
was mues s Chätzli mache?
s tänzlet um das Löchli ume,
isch das nid zum Lache?

Tirlitänzli, Chatzeschwänzli,
damol ischs nid grate.
Chätzli, du muesch hüt is Bett
ohni Müslibrate.

Chemifäger, schwarze Maa

Chemifäger, schwarze Maa,
het es schwarzes Hömmeli aa,
nimmt de Bäse und de Lumpe,
macht di böse Buebe z gumpe.

Variante
Chemifäger, schwarze Maa,
het es ruessigs Hömmeli aa,
alli Wöschere vo Paris
chönes nümme mache wiss.

Chemifäger, schwarze Maa,
treit e langi Leitere na,
wil er s Chämi uf und abe
mues de tusigs Ruess abschabe.

Meiteli, tue d Hüener i

Meiteli, tue d Hüener i,
chumm Bibi, chumm Bibi, chumm Bibibi!
Isch de Güggel au derbii?
Chumm Bibi, chumm Bibibi!

s Marieli

s Marieli gaht is Hüenerhuus
und laat sini Bibeli us.
«Guete Tag, ir Hüendli mi,
chömed gleitig, chumm bibibi!»
Und de Güggel chräit im Tau:
«Güggerüggü! Da bin i au!»

Güggerüggü

Güggerüggü,
Morgen am drü,
d Henne het gleit,
de Güggel hets gseit.

Vo Söiline

Bhüet is trüli,
nei, wie schüli,
de Herr vo Büli
het sibe Süli,
het keis kes Müli,
bhüet is trüli,
isch das nid schüli?

Variante
De Müller vo Büli
het es Rössli und sibe Süli,
het e Frau und sibe Chinde
und sibe Müsli uf de Winde.

Am Vitzestollebärgli

Am Vitzestollebärgli,
da wohne sibe Zwärgli.
Si baue bi de Raine
es Städtli ganz us Steine.

Und am Obe, wenns dunklet,
höch am Himmel d Stärnli funklet,
wenn d Chinder göhnd go schlofe,
chömes us em Städtli gschloffe,
ganz liisli wi Müsli,
dur s Chemi is Hüsli,
und singe uf de Winde:
«Guet Nacht, guet Nacht, ihr Chinder!»

Jo eusi Tante Doretee

Jo eusi Tante Doretee
mit ihrne grosse Füesse,
isch sibe Jahr im Himmel gsi,
het wider abe müesse.

Det uf säbem Bärgli

Det uf säbem Bärgli, hm, hm, hm,
wohne sibe Zwärgli, hm, hm, hm.

Det uf säbem Bärgli, pum, pum, pum,
hacke sibe Zwärgli, pum, pum, pum.

Det uf säbem Bärgli, ho, ho, ho,
grabe sibe Zwärgli, ho, ho, ho.

Det uf säbem Bärgli, tripp, tripp, trapp,
laufe sibe Zwärgli, tripp, tripp, trapp.

Det uf säbem Bärgli, m, m, m,
ässe sibe Zwärgli, m, m, m.

Det uf säbem Bärgli, zwick, zwick, zwack,
büeze sibe Zwärgli, zwick, zwick, zwack.

Det uf säbem Bärgli, la, la, la,
singe sibe Zwärgli, la, la, la.

Det uf säbem Bärgli, so, so so,
nicke sibe Zwärgli, so, so so.

Det uf säbem Bärgli, bst, bst, bst,
schlafe sibe Zwärgli, bst, bst, bst.

57

Himperli und Pimperli

s Himperli und s Pimperli stiige ufene Bärg.
s Himperli isch es Heinzelmännli, s Pimperli isch e Zwärg.

Zwei Fäuste mit nach oben gestrecktem Daumen, abwechselnd die linke und dann die rechte Faust hochheben.

Si bliibe lang da obe sitze
und gwaggle mit ihrne Zipfelmütze.

Mit beiden Händen über dem Kopf eine Zipfelmütze formen und damit von links nach rechts wackeln.

Doch nach sibe mal sibe Woche
sind si denn i Bärg ie gchroche.
Det schlafe si i süesser Rueh,
sind mol still und losed zue:
«Chchch, chchch, chchch …»

Kopf mit geschlossenen Augen auf die aufeinandergelegten Handflächen legen, schnarchen, bis 12 zählen, dann rufen:

Güggerüggü!
s Himperli und s Pimperli chöme zum Bärg uus!
s Himperli seit: Ich bau mir es Huus.

Mit beiden Händen senkrecht parallel ein Haus bilden.

s Pimperli seit: Ich mir au, ich mir au!
s Himperli seit: Das Huus isch nid grad. Isch das aber schad.
s Pimperli seit: Das Huus isch ganz chrumm. Isch das aber dumm.

Beide Hände schief parallel halten.

Da chunnt e grosse, grosse Wind
und blast das Hüsli fort ganz gschwind.

Fest blasen.

Und s Himperli, de Heinzelmaa, und s Pimperli, de Zwärg,
stiige wider ufe uf de Gipfel vom Bärg.
Det sitze si und sitze
und gwaggle mit ihrne Zipfelmütze.

Mit beiden Händen über dem Kopf eine Zipfelmütze formen und damit wackeln.

De Joggeli wott go Birli schüttle

Es schickt de Herr de Joggeli us,
er söll go Birli schüttle.
Joggeli wott nid Birli schüttle,
Birli wänd nid falle.

Da schickt de Herr es Hündli us,
es söll de Joggeli biisse.
Hündli wott nid Joggeli biisse,
Joggeli wott nid Birli schüttle,
Birli wänd nid falle.

Da schickt de Herr es Stäckli us,
es söll go s Hündli haue.
Stäckli wott nid s Hündli haue,
Hündli wott nid Joggeli biisse,
Joggeli wott nid Birli schüttle,
Birli wänd nid falle.

Da schickt de Herr es Fürli us,
es söll go s Stäckli brönne.
Fürli wott nid s Stäckli brönne,
Stäckli wott nid s Hündli haue,
Hündli wott nid Joggeli biisse,
Joggeli wott nid Birli schüttle,
Birli wänd nid falle.

Da schickt de Herr es Wässerli us,
es söll go s Fürli lösche.
Wässerli wott nid s Fürli lösche,
Fürli wott nid s Stäckli brönne,
Stäckli wott nid s Hündli haue,
Hündli wott nid Joggeli biisse,
Joggeli wott nid Birli schüttle,
Birli wänd nid falle.

Da schickt de Herr es Chälbli us,
es söll go s Wässerli suuffe.
Chälbli wott nid s Wässerli suuffe,
Wässerli wott nid s Fürli lösche,
Fürli wott nid s Stäckli brönne,
Stäckli wott nid s Hündli haue,
Hündli wott nid Joggeli biisse,
Joggeli wott nid Birli schüttle,
Birli wänd nid falle.

Da schickt de Herr en Metzger us,
er söll go s Chälbli stäche.
Metzger wott nid s Chälbli stäche,
Chälbli wott nid s Wässerli suuffe,
Wässerli wott nid s Fürli lösche,
Fürli wott nid s Stäckli brönne,
Stäckli wott nid s Hündli haue,
Hündli wott nid Joggeli biisse,
Joggeli wott nid Birli schüttle,
Birli wänd nid falle.

Da gaht de Meischter sälber us
und faht a resonniere.
Metzger wott jetz s Chälbli stäche,
Chälbli wott jetz s Wässerli suuffe,
Wässerli wott jetz s Fürli lösche,
Fürli wott jetz s Stäckli brönne,
Stäckli wott jetz s Hündli haue,
Hündli wott jetz Joggeli biisse,
Joggeli wott jetz Birli schüttle,
Birli wänd jetz falle.

Inestäche, umeschlaa

Chumm, liebs Schwöschterli, bis so guet,
zeig mer, wie me lisme tuet.
Inestäche, umeschlaa,
durezie und abelaa.
Judihui, jetz weiss i guet
wie mer Strümpfli lisme tuet!

De Hansdampf im Schnäggeloch

De Hansdampf im Schnäggeloch
het alles, was er will.
Und was er will, das het er nid,
und was er het, das will er nid,
de Hansdampf im Schnäggeloch
het alles, was er will.

Vom Riis Timpetu

Psst! I weiss öppis, sind schön still,
wil i vom Riis Timeptu prichte will.
Dä armi Purscht het mol, o Gruus,
im Schlaf i de Nacht verschlückt e Muus.
Er isch zum Dokter Isegrimm:
«Ach Dokter! Mir gahts würkli schlimm.
I ha im Schlaf e Muus verschlückt,
die hockt im Buuch und chlemmt und drückt.»
De Dokter isch e gschiite Maa,
me gseht ems a de Nase aa.
Er luegt i Hals und denn i Buuch.
«Wie? Was? Verschlückt händ ehr e Muus?
Verschlücket no ne Chatz dezue,
so laat di Muus euch scho i Rueh.»

Schnabelwetzer und Abzellvärsli

De Papscht

De Papscht z Spiez het s Späckbschteck
z spot bschtellt.

Lüthis Lüti

Lüthis Lüti lütet lüter,
weder als Lüthi-Lüthis Lüti
lütet.

Gang geng gredi gäge Gümlige

Gang geng gredi gäge Gümlige
ga gugge, gob Gugger Gödus Güggu
geng na di glichi graui
Gluggere wäg jagi.

Variante
Gang geng gredi gäge Gümlige
ga güggele, gob Guggers Gödeli geng ga
Garamell gänggele geit.

Chliini Chinder

Chliini Chinder chöne keini
Chabischöpfli choche.

z Schwyz am Ziit schiint d Sunne

z Schwyz am Ziit schiint d Sunne,
und wenn si z Schwyz am Ziit nid schiint,
denn schiint si am Ziit in Brunne.

Schang stand uf

Schang stand uf,
d Sunn schiint scho.

Wenn din Bueb mim Bueb

Wenn din Bueb mim Bueb
no einisch Bueb seit,
denn chunnt min Bueb
und haut din Bueb,
bis din Bueb mim Bueb
nümme Bueb seit.

Wenn hinder Flüge Flüge flüge

Wenn hinder Flüge Flüge flüge,
flüge Flüge Flüge na.

A, b, c,

A, b, c,
d Chatz lauft im Schnee,
chunnt si wider hei,
het si wissi Bei.
Eis, zwei, drü, und du bisch duss.

Öpfel, Bire, Nuss

Öpfel, Bire, Nuss,
und du bisch duss.

Azelle, Bölle schelle

Azelle,
Bölle schelle,
d Chatz gaht uf Walliselle,
chunnt si wider hei,
het si chrummi Bei.
Biff, baff, buff,
und du bisch
ehr- und redlich duss.

Eis, zwei, drei

Eis, zwei, drei,
Anke mit Brei,
Salz mit Späck,
und du bisch wäg.

Eis, zwei, drü

Eis, zwei, drü, vier, föif, sächs, sibe,
en alti Frau, die chochet Rüebe,
en alti Frau, die chochet Späck,
und du bisch wäg.

Variante
Eis, zwei, drü, vier, föif, sächs, sibe,
mini Mueter chochet Rüebe
mini Mueter chochet Späck,
und du muesch wäg.

Eiche, Bueche, Tanne

Eiche, Bueche, Tanne,
du muesch fange.
Eiche, Tanne, Bueche,
du muesch sueche.

Hinder Hausi Hannes Huus

Hinder Hausi Hannes Huus hange hundert halblangi Hemmli.
Hundert halblangi Hemmli hange hinder Hausi Hannes Huus.

Uf de Rapperswiler Brugg

Uf de Rapperswiler Brugg stöhnd drü tünni, tüüri, hohli, langi, lääri Röhrli, und dur die tünne, tüüre, hohle, lange, lääre Röhrli lehrt me rächt rede.

Redli, Redli lauf

Redli, Redli lauf,
gfunde gschtohle, bättlet, gchauft.

Schabernack und Lumpeliedli

Es isch emol e Maa gsi

Es isch emol e Maa gsi,
dä het e hohle Zaa gha.
I dem Zaa isch es Truckli gsi,
i dem Truckli isch es Briefli gsi,
i dem Briefli isch gstande:
Es isch emol e Maa gsi …
(usw.)

Variante
Es isch emol e Maa gsi
mit rote, rote Hose,
aber jetz muesch lose:
Es isch emol e Maa gsi
(usw.)

Teller fäge

Teller fäge, Gschirr abwäsche,
suber mache, usleere.

Ufem Bi-Ba-Bohnebärg

Ufem Bi-Ba-Bohnebärg
staht es Bi-Ba-Bohnehuus,
i dem Bi-Ba-Bohnehuus
wohnt e Bi-Ba-Bohnefrau,
und die Bi-Ba-Bohnefrau
het es Bi-Ba-Bohnechind,
und das Bi-Ba-Bohnechind
gaht i d Bi-Ba-Bohneschuel,
i der Bi-Ba-Bohneschuel
hets e Bi-Ba-Bohnelehrer,
und dä Bi-Ba-Bohnelehrer
het es Bi-Ba-Bohnestäckli,
und das Bi-Ba-Bohnestäckli
… biisst!

Die Brennnessel machen (Hände um den Arm des Kindes legen und gegengleich drehen/auswringen).

d Chatze göhnd i d Chile

Stille, stille, stille,
d Chatze göhnd i d Chile,
d Müsli göhnd is Wirtshuus
und trinke alli Gläser uus.

Sitze Si, hocke Si

Sitze Si, hocke Si,
näme Si Platz,
trinke Si euse Kafisatz.

A B C D E

A B C D E
de Chopf tuet mer weh,

F G H I J K
der Dokter isch da,

L M N O
jetzt bin i froh,

P Q R S T
s isch wider guet, juhe!

U V W X
jetz fählt mer nix,

Y Z
jetz gahn i is Bett.

Wer nid chunnt zur rächte Ziit

Wer nid chunnt zur rächte Ziit,
dä mues ha, was übrig bliibt.

De Hetti und de Wetti

De Hetti und de Wetti
sind Brüederli gsi,
und beid händ nüt gha.

Wer chochet was?

Wer chochet was?
Di lieb Frau Bas.
Wer richtet a?
Der alt Chellemaa.
Wer isst us?
D Chatz und d Muus.
Wer schläckt de Löffel?
De Heustöffel!

De Hansli am Bach

De Hansli am Bach
het luuter guet Sach,
het Fischli zum Zmorge
und Chräbsli zum Znacht.

s Emmi und s Chlemmi

s Emmi und s Chlemmi sind zäme go wandere.
Do isch s Emmi i Bach gfalle.
Wer isch no übrig blibe?

*Mit Daumen und Zeigefinger von der Hand zur Achsel marschieren.
Bei «gfalle» fällt die Hand nach unten. Das Kind antwortet «s Chlemmi!»
und wird dabei sanft in den Arm gekniffen.*

Ich au

Ich gah i Wald. – Ich au.
Ich nimme es Bieli mit. – Ich au.
Ich haue es Buechli um. – Ich au.
Ich mache es Trögli drus. – Ich au.
Det ässe d Säuli drus. – Ich au.

Trummle

Trum, trum, trum,
jetz säg mer mal warum,
warum die Trum, warum die Trum
chunnt vor em Dideldum!

Marschmusig

Rebete, rebete, plem plem plem,
plem plem plem plem plem,
rebete, rebete, plem plem plem,
vorwärts schön im Schritt!

Ron, ron, ron tschi tschi,
rebete, rebete, ron tschi tschi,
ron, ron, ron tschi tschi,
vorwärts schön im Schritt!

Rebete, rebete, gling gling gling,
gling gling gling gling gling,
bum, bum, gling gling gling,
vorwärts schön im Schritt!

Örgeli, Örgeli, Örgelimaa

Örgeli, Örgeli, Örgelimaa,
han emol es Föiferli gha.
Föiferli han i Beck gä,
Beck het mer Weggli gä,
Weggli han i Mueter gä,
Mueter het mer Trübeli gä,
Trübeli han i Vater gä,
Vater het mer Stäckli gä,
Stäckli han i Lehrer gä,
Lehrer het mer Tööpe gä,
Tööpe händ mi bisse,
jetz wott i nüt me wüsse!

Alt isch nid neu

Eis, zwei, drei,
alt isch nid neu,
sur isch nid süess,
Händ sind kei Füess,
Füess sind kei Händ,
jetz het das Lied es Änd.

De König het es Schloss

De König het es Schloss.
Im Schloss isch e Garte.
Im Garten isch e Baum.
Im Baum isch es Loch.
Im Loch isch es Ei.
Im Ei isch e Haas,
dä springt furt …
und dir uf d Nas!

Strubelimutz

Strubelimutz, was hesch im Sack?
Strubelimutz, drei Öpfel.
Strubelimutz, wer het ders gäh?
Strubelimutz, de Götti.
Strubelimutz, wer isch di Götti?
Strubelimutz, de Chabisjöggi.

De Gschiiter git naa

De Gschiiter git naa,
de Esel bliibt stah.

Schuelsprüchli

Lirum, larum Löffelstiel,
wer nüt cha, de cha nid vil!

Äne, däne Tintefass,
gang i d Schuel und lehr di Sach!

Brüellätsch, Chlagitätsch,
gang i d Schuel und mach en Lätsch!

Die letscht Chue

Die letscht Chue
tuet s Gatter zue!

Sind er eue mängs?

Sind er eue mängs?
Nume de Hans und Gret
und de Ruedi und d Beth,
de Joggeli und d Stine
und denn die sibe Chliine.

Zinggelibingg

Zinggelibingg, mi Maa isch chrank.
Zinggelibingg, was fählt em?
Zinggelibingg, es Schöppeli Wii.
Zinggelibingg, das cha nid sii.

Chasch du rede und pfiiffe

Chasch du rede und pfiiffe
und dur de Hag dure schlüüffe?
Und säge Pantöffeli, Pantöffeli, Pantöffeli?

*Beim Sprechen der beiden ff bei «pfiiffe», «schlüüffe»
und «Pantöffeli» gleichzeitig zu pfeifen versuchen.*

De Mäntig het zum Ziischtig gseit

De Mäntig het zum Ziischtig gseit,
de Mittwuch söll em Donschtig säge,
de Friitig söll mit em Samschtig
bim Sunntig go z Mittag äsform.

Fürli amache

Fürli amache,
Chüechli bache,
Süppli choche,
s Häfeli broche.

Joseppli, Scheppeppli

Joseppli, Scheppeppli,
het s Röckli aabrönnt,
do isch im si Mueter
mit der Fitze naagrönnt.
Um d Schür und ums Huus,
ums Huus und um d Schür,
Joseppli, Scheppeppli,
spilt nümme mit Für!

Dur s Jahr dur

I kenne e Mueter

I kenne e Mueter mit ihrne vier Chinder:
de Früelig, de Summer, de Herbscht und de Winter.
De Früelig bringt Blueme, de Summer bringt Chlee,
de Herbscht, dä bringt Truube, de Winter bringt Schnee.

De Früelig bringt Blueme, er macht alles nöi,
und d Vögeli singe und legge es Ei.
De Summer bringt Weize, im Fäld blüet de Chlee,
jetz gömmer go bade det unde im See.

De Herbscht, dä bringt Truube und Zwätschge und Moscht,
de Puur isch am Ärne, das fröit ne bigoscht.
De Winter bringt Chelti und Bärge vo Schnee,
de gömmer go schlittle und schiine, juhee!

Zum Geburtstag

Vill Glück und vill Säge
uf all dine Wäge
bliib zfride und munter
und glücklich und gsund.

Neujahr

Das Liedli isch gsunge,
de Batze isch gwunne,
und gähnd er mer zwee,
so sing i no meh.

Jahresaafang

s Alt isch vergange, verklunge, verbii,
s Neu wott jetz wärde, wott singe und sii.
Was gsi isch, chunnt nümme und tuet nümme weh.
Was chunnt, isch es Gheimnis, wo niemer cha gseh.
Drum fiire mir hüt und jede neu Tag;
mög er is bringe, was immer er mag.

Es neus Jahr

s alt Jahr troolet jetz dervo,
vill hani vonem übercho.
s neue wartet und blinzlet mer zue:
Kei Angscht, s git vo allem gnue!

s chliine Bööggli

I bin es chliises Bööggli
und gumpen uf eim Bei.
Gämmer au es Föiferli,
so chani wider hei.

Fasnacht

Hüt isch wider Fasenacht,
won is d Mueter Chüechli bacht,
und de Vater umspringt
und de Chinder d Chüechli bringt!

Hinderem Huus und vorem Huus

Hinderem Huus und vorem Huus
mache mer Ringeltänzli,
s Oschterhäsli luegt is zue,
wädelet mit em Schwänzli.

Hinderem Huus und vorem Huus
sueche mer Moos und Steinli,
s Oschterhäsli gumpt devo,
schlänkeret sini Beinli.

Hinderem Huus und vorem Huus
baue mer chliini Näschtli,
s Oschterhäsli springt gschwind hei,
holt sis Eierchäschtli.

Hinderem Huus und vorem Huus
tüemmer luschtig singe,
s Oschterhäsli tuet is hüt
schöni Eili bringe.

April, April

April, April,
de macht, was er will!

Huja, der Achermaa säit

Huja, huja, der Achermaa säit!
d Vögeli singe,
d Chörnli tüend springe,
huja, huja, der Achermaa säit!

Huja, huja, der Achermaa mäit!
Bald stöhnd di Garbe
und niemer brucht z darbe,
huja, huja, der Achermaa säit!

Chumm, mer wänd is Gärtli gah

Chumm, mer wänd is Gärtli gah,
wänd go Blüemli bschaue.
Alli müend jetz Wasser ha,
die rote und die blaue.

Trinked nu, ir Blüemli mi,
s het no vill am Brunne,
euri Chöpfli tröchne glii
a der warme Sunne.

Möcht es Strüssli günne gschwind,
s Müeterli täts freue.
Alli Blüemli, wo da sind,
wett i zu mim Meie.

Diri diri deine

Diri diri deine,
es rägnet dur ne Zeine,
es rägnet dur nes Rumpelfass
und alli Tschööpli wärde nass.

Chübeli, Züberli, Salzfass

Chübeli, Züberli, Salzfass,
wenns rägnet, wärde d Stei nass.

Mach ken Lätsch

Mach ken Lätsch, wenns rägne tuet,
s cha nid immer schone,
s tuet defür em Chabis guet
und de Stangebohne!

Rägefass

s rägelet, s rägelet,
d Bäumli wärde nass.
Wenn eine e rächte Chüefer isch,
so schlüft er in es Fass.

Grossi goldigi Summervögel

Grossi goldigi Summervögel
flügen über d Strosse.
Grossi goldigi Summervögel
flügen usem Wald ufs Fäld.
«Jetz guet Nacht, du schöni Wält,
mer wänd goge schlofe.»

Grossi goldigi Summervögel
flügen über d Strosse.
Grossi goldigi Summervögel
flügen usem Wald ufs Fäld.
Ihre Summer isch verbii,
ihri Freud vergange,
über Nacht chas Winter sii,
s heisst, es gäb en lange.

Grossi goldigi Summervögel
flügen über d Strosse.
Grossi goldigi Summervögel
flügen usem Wald ufs Fäld.
Darum gruie si detund,
anders chunnt a Reihe.
D Chnoschpechindli, brun und rund,
traume scho vom Maie.

Es Mannli staht im Wald

Im Wald staht müslistille e chline Maa,
het us Purpurrot e schöne Mantel a.
Säg, wer chönnt das Mannli sii,
wo im Wald staht still und chlii,
mit sim rote, glänzige Mänteli?

Das Mannli staht im Wald uf eim einzige Bei,
es treit es schwarzes Chäppli und isch elei.
Säg, wer chönnt das Mannli sii,
uf eim Bei taguus, tagii,
mit sim rabeschwarze Chäppeli?

Räbeliechtli

Räbeliechtli, Räbeliechtli, wo gahsch hii?
I di dunkli Nacht ohni Stärneschii,
da mues mis Liechtli sii.

Räbeliechtli, Räbeliechtli, wo bisch gsii?
Dur d Strass duruf und s Gässli ab,
gäll, Liechtli, lösch nid ab.

Räbeliechtli, Räbeliechtli, wenn gahsch hei?
Wenn de Biiswind blast und mer s Liechtli löscht,
denn gahni wider hei.

Schneeflöckli, Wiissröckli

Schneeflöckli, Wiissröckli,
du härzige Stärn,
du bringsch eus de Winter,
mir händ di so gärn.

Schneeflöckli, Wiissröckli,
du wirblisch im Wind,
du wohnsch i de Wolke,
bisch es Himmelschind.

Schneeflöckli, Wiissröckli,
decksch d Ärde weich zue.
d Gräser und d Blueme
händ jetze Rue.

Schneeflöckli, Wiissröckli,
flüg wiit übers Land,
chumm, sitz uf mis Fänschter,
chumm, sitz mir uf d Hand!

Es schneielet

Es schneielet, es beielet,
es gaht e chüele Wind,
und d Meitli legge d Händschen a
und d Buebe laufe gschwind.

Es schneielet, es beielet,
es gaht e chüele Wind,
es früren alli Vögeli
und alli arme Chind.

Es schneielet, es beielet,
es gaht e chüele Wind,
i han es Stückli Brot im Sack,
das ghört am ärmschte Chind.

Es schneielet, es beielet,
es gaht e chüele Wind,
es flüüge wiissi Vögeli
uf d Chappe jedem Chind.

Samichlaus, wie bin i froh

Samichlaus, wie bin i froh,
dass du hüt bisch zuenis cho.
Will d is öppis Guets tuesch bringe,
wott i dir es Liedli singe.

Sami Niggi Näggi

Sami Niggi Näggi,
hinderem Ofe steck i!
Gib mer Nuss und Bire,
denn chumi hindefüre!

Samichlaus, chumm, los no gschwind

Samichlaus, chumm, los no gschwind:
Gsehsch hüt öppe s Wienachtschind,
wenn s tuet zobe uf di warte
vor em Hag bim Tannegarte?
Säg em, as mer grüsli plange,
s heig scho s erscht Mol gschneit,
und mis Ditti seig efange
zringelum verheit.

Zfride

Gäll Chlaus, mit mir bisch zfride gsi?
I wotts no besser mache,
doch freue tät i mi vil mee
a dine feine Sache!

Samichlaus, wo chunnsch du her

Samichlaus, wo chunnsch du her?
– Sibehundert Stund wiit her.
Samichlaus, isch s Säckli schwer?
– Sibehundert Pfund ischs schwer.
Samichlaus, machs weidli leer,
denn isch dis Säckli nümm so schwer!

Es Liechtli chunnt de Fäldwäg ii

Es Liechtli chunnt de Fäldwäg ii,
i glaub, das mues de Samichlaus sii.
Jetz ghört me s Glöggli, still, los guet,
wie s über d Wiese lüte tuet.
Mis Härzli chlopfet liis und fescht,
ich hoff, du weisch vo mir nur s Bescht,
die andere chliine dumme Sache
wett i s nöchscht Johr besser mache.

Im Winter

Wie wärs doch au im Winter
so truurig und so schwär,
wenn nid s lieb Wienachtschindli
uf d Ärde gfloge wär.

Wenn nid sis Tannebäumli
dur Tag und Wuche us
is hinderscht Eggeli zündti
vom allerchliinschte Huus!

O liebe Wienachtsängel,
chumm emel gärn und gschwind,
du triffsch en heiteri Stube
und luter bravi Chind!

Wienacht

Bi Bethlehem gebore
im Stall es Chindli chlii,
das han i userkore,
ganz sine möcht i sii.

I sini Lieb versänke
wett i mi ganz und gar,
mis Härz will i ihm schänke,
und alles, was i ha.

O Chindli, du, vo Härze
han i di ja so gärn,
i Freude und i Schmärze
bisch du min helle Stärn.

Silväschter

Silväschter stand uf,
streck d Bei zum Bett us!
Nimm d Schälle i d Hand
und reis dur s ganz Land!

Variante
Silväschter stand uf,
streck d Bei zum Bett us!
Nimm de Stäcken i d Hand,
reis wiit übers Land!

Hüt isch Silväschter

Hüt isch Silväschter
und morn isch Neujahr,
Ätti, gib mer e Batze,
süsch zupf di am Haar.

Variante:
Hüt isch Silväschter
und morn isch Neujahr,
gähnd mer au öppis zum guete Neujahr.
Gähnd er mer nüt, so bliib i stah,
bis der mi heisset wiitergah.

Chliini Wunder im Alltag

Heile, heile, Säge

Heile, heile, Säge,
drei Tag Räge,
drei Tag Schnee,
s tuet em Chindli nümme weh.

Heile, heile, Chätzli

Heile, heile, Chätzli,
s Chätzli het vier Tätzli,
s Chätzli het e länge Schwanz,
bald isch alles wider ganz.

Sanft über die schmerzende Stelle streichen.

Hixi Häxi

Hixi Häxi hinderem Haag,
nimm mer s Hixi-häxi aab!

Beim Schluckauf zu sagen, dreimal nacheinander, ohne zu atmen.

Eimol!

Eimol!

*Ein wirksamer Zauberspruch, der den Schluckauf bannt.
Dazu muss man wirklich nur ein einziges Mal «Eimol» sagen -
und dann beobachten, wie der Zauber wirkt.*

Am Morge

Stand uf, stand uf,
de Güggel chräit scho,
und d Sunne, di goldig,
wott au wider cho.

Spiis Gott, tränk Gott

Spiis Gott, tränk Gott
alle arme Chind,
wo uf der Erde sind.
Amen

Wickle, wickle

Wickle, wickle, je, oje,
de Finger tuet mir hüt so weh!
Und wägg, und wägg, und immer meh:
Jetz tuet de Finger nümme weh!

Finger kann mit Schnurverband ein- und ausgewickelt werden.

Chindli mii, schlaf jetz ii

Chindli mii, schlaf jetz ii,
d Stärnli wänd scho schiine.
Und de Mond chunnt au scho
über s Bärgli ine.
Heibutte Wiegeli,
schlaf mis Chindli, schlaf jetz ii.

Schlaf, Chindli, schlaf

Schlaf, Chindli, schlaf,
de Vater hüetet d Schaf,
d Mueter schüttlet s Bäumeli,
da falle schöni Träumeli,
schlaf, Chindli, schlaf.

Schlaf, Chindli, schlaf,
de Vater hüetet d Schaf,
d Mueter hüetet d Lämmeli,
bhüet di Gott, mis Ängeli.

Nina Wiegeli

Nina Wiegeli,
ufem Dach hets Ziegeli,
under em Dach hets Schindeli,
bhüet mer Gott mis Chindeli.

Nina Chindli schlaf,
uf de Matte weide d Schaf,
dund im Stall sind d Lämmeli,
schlaf, mis lieb chlii Ängeli.

Am Obe

Lösch s Liechtli us,
is Bett, chliini Mus!
Nimm s Bärli in Arm
und gib em recht warm.

Jetz gahni i mis Bettli

Jetz gahni i mis Bettli
zum Schlöfli und zur Rueh,
und d Mueter tuet mi decke
und i tue d Äugli zue.

Es Ängeli chunnt zue mer
und git am Bettli acht,
dass i rächt guet cha schlafe
i dere dunkle Nacht.

I bitt di, liebe Gott,
schick eis zu jedem Chind,
und eis zu allne Lüte,
wo chrank und truurig sind.

Wiegelied

d Sunne het sich müed glaufe,
seit: Jetz laanis sii!
Gaht is Bett, macht d Auge zue und
schlaft zfride ii.
Sum, sum, sum,
mis Chindli machts grad au eso,
mis Chindli isch nid dumm.

s Bäumli, wo no grad het gruuschet,
seit: Was söll das sii?
Will is d Sunne nümme schiine,
schlaf au ich jetz ii.
Sum, sum, sum,
mis Chindli machts grad au eso,
mis Chindli isch nid dumm.

s Vögeli, wo im Baum het gsunge,
seit: Was söll das sii?
Will is s Bäumli nümme ruuschet,
schlaf au ich jetz ii.
Sum, sum, sum,
mis Chindli machts grad au eso,
mis Chindli isch nid dumm.

s Häsli spitzt di lange Ohre,
seit: Was söll das sii?
Ghör ich s Vögeli nümme singe,
schlaf au ich jetz ii.
Sum, sum, sum,
mis Chindli machts grad au eso,
mis Chindli isch nid dumm.

Und de Jäger hört uf blase,
seit: Was söll das sii?
Gsehn ich s Häsli nümme laufe,
schlaf au ich jetz ii.
Sum, sum, sum,
mis Chindli machts grad au eso,
mis Chindli isch nid dumm.

Chunnt de Mond, luegt obenabe,
seit: Was söll das sii?
Kei Jäger luuscht,
keis Häsli springt,
kei Vogel singt,
keis Bäumli ruuscht,
kei Sunneschii!
Und nur s Chindli chlii
söll no wach jetz sii? –
Nei, nei, nei,
s lieb Chindli macht scho d Äugli zue,
s lieb Chindli schlaft scho ii.

Nachtigall

Am Waldrand staht e Tanne,
guet versteckt drin sitzt e Nachtigall,
und für alli Tier im Wald
singt si ihres schönschte Lied:

Schlafed guet, Tierli,
mached d Äugli zue,
träumet süess
und gnüssed die Rueh.

Do schliicht de Fuchs liis dur de Wald.
Was machsch denn du zu so spater Stund? –
Ich gah jetz hei zur Frau und de Chind. –
Jo, denn sing ich au für di:

Schlaf guet, Füchsli,
mach d Äugli zue,
träum du süess
und gnüss du die Rueh.

Jetz isch au d Nachtigall ganz fescht müed
und si flügt hei i ihres Näscht.
Für all het si gsunge, jetz singt für si
weich und liis der Abewind:

Schlaf guet, Nachtigall,
mach d Äugli zue,
träum du süess
und gnüss du die Rueh.

Scho isch es dunkel, stockfeischteri Nacht.
Höch obe am Himmel sind d Stärnli verwacht.
Alli Lüt schlafe, nume no s Chindli isch wach.
Für es ganz eleigge singt jetz der Mond:

Schlaf guet Chindli,
mach d Äugli zue,
träum du süess
und gnüss du die Rueh.

Index

A
- 78 A B C D E
- 69 A, b, c
- 41 Afrika
- 82 Alt isch nid neu
- 115 Am Morge
- 117 Am Obe
- 48 Am schöne grüene Nil
- 55 Am Vitzestollebärgli (Ü E.-M. Wilhelm)
- 120 Am Waldrand staht e Tanne
- 85 Äne, däne, Tintefass
- 29 Anke stosse
- 96 April, April
- 70 Azelle, Bölle schelle

B
- 25 Bär im Wald
- 54 Bhüet is trüli
- 109 Bi Bethlehem gebore (Friedrich Spee)
- 35 Birli schüttle
- 26 Brüederli, chumm, tanz mit mir
- 85 Brüellätsch, Chlagitätsch

C
- 51 Chämifeger, schwarze Maa
- 88 Chasch du rede und pfiiffe
- 116 Chindli mii, schlaf jetz ii
- 66 Chliini Chinder
- 98 Chübeli, Züberli, Salzfass
- 25 Chumm, mer wänd go Beeri sueche
- 97 Chumm, mer wänd is Gärtli gah (J. Spühler-Suter)

D
- 77 d Chatze göhnd i d Chile
- 119 d Sunne het sich müed glaufe
- 35 Dä gaht go Birli schüttle
- 20 Dä gaht uf Afrika
- 45 Dä heisst Tuume
- 38 Dä isch i Bach gfalle
- 36 Dä reist dur d Wält
- 40 Dä sitzt still und froh am Tisch
- 44 Das isch de Beckersmaa
- 44 Das isch de Tuume
- 93 Das Liedli isch gsunge
- 84 De Gschiiter git naa
- 62 De Hansdampf im Schnäggeloch
- 80 De Hansli am Bach
- 79 De Hetti und de Wetti
- 60 De Joggeli wott go Birli schüttle
- 83 De König het es Schloss
- 88 De Mäntig het zum Ziischtig gseit
- 65 De Papscht
- 45 Der erscht frogt
- 56 Det uf säbem Bärgli
- 86 Die letscht Chue
- 27 Dingdong
- 98 Diri diri deine

E
- 50 Eia popeia
- 72 Eiche, Bueche, Tanne
- 114 Eimol!
- 70 Eis, zwei, drei
- 71 Eis, zwei, drü
- 24 Es chunnt e Bär
- 21 Es gaht es Mannli übers Brüggli
- 75 Es isch emol e Maa gsi
- 107 Es Liechtli chunnt de Fäldwäg ii
- 101 Es Mannli staht im Wald
- 93 Es neus Jahr (E.-M. Wilhelm)
- 50 Es schickt de Herr de Joggeli us
- 104 Es schneielet
- 48 Eusi Chatz het Jungi gha

F
- 20 Fahrt es Schiffli über de See
- 38 Fänschterli zue
- 94 Fasnacht
- 39 Föif Ängeli
- 37 Föif Söili
- 27 Frau Meier
- 42 Fraueli, wottsch go Schiffli fahre
- 89 Fürli amache

G

106 Gäll Chlaus, mit mir bisch zfride gsi
66 Gang geng gredi gäge Gümlige
30 Gigampf, Rössli stampf
20 Gigampfe
30 Goldige Ring
100 Grossi goldigi Summervögel
(Sophie Hämmerli-Marti)
53 Güggerüggü

H

113 Heile, heile, Chätzli
113 Heile, heile, Säge
58 Himperli und Pimperli (Ü E.-M. Wilhelm)
72 Hinder Hausi Hannes Huus
95 Hinderem Huus und vorem Huus
(Sophie Hämmerli-Marti)
114 Hixi Häxi
32 Holderi, holderi, holderibock
32 Holderibock
19 Hopp, hopp, hopp
17 Hopp, hopp, Riter
96 Huja, der Achermaa säit (Ü E.-M. Wilhelm)
111 Hüt isch Silväschter
94 Hüt sich wider Fasenacht

I

94 I bin es chliises Bööggli
91 I kenne e Mueter (Ü Ernst Wilhelm)
80 Ich au!
80 Ich gah i Wald
101 Im Wald staht müslistille
108 Im Winter (Sophie Hämmerli-Marti)
62 Inestäche, umeschlaa

J

93 Jahresaafang (E.-M. Wilhelm)
118 Jetz gahni i mis Bettli
55 Jo eusi Tante Dorothee
15 Joggeli, chasch au rite
89 Joseppli, Scheppeppli

L

23 Liebs Büseli
85 Lirum, larum, Löffelstiel
65 Lüthis Lüti

M

99 Mach ken Lätsch
81 Marschmusig
52 Meiteli, tue d Hüener i
41 Mini Müli, dini Müli

N

120 Nachtigall (E.-M. Wilhelm)
93 Neujahr
117 Nina Wiegeli

O

69 Öpfel, Bire, Nuss
45 Öpfelbrei und Chüechli
82 Örgeli, Örgeli, Örgelimaa

P

63 Psst, i weiss öppis

R

102 Räbeliechtli
99 Rägefass
77 Rebete, rebete, plem plem plem
73 Redli, Redli lauf
31 Ri, ra, rutsch
28 Ringel, Ringel, Reie
18 Rite, rite, Rössli
33 Rössli bschla
19 Rössli, lauf Galopp
17 Rössli, Rössli, schön im Schritt

S

93 s Alt isch vergange
17 s Büebli het es Rössli
94 s chliine Bööggli
40 s Chübeli
80 s Emmi und s Chlemmi

52	s Marieli	**V**	
47	s Sünneli schiint	54	Vo Söiline
23	s Wäbers Chind	63	Vom Riis Timpetu
24	Sä, do hesch e Taler		(Alwin Freudenberg, Ü E.-M. Wilhelm)
105	Sami Niggi Näggi		
106	Samichlaus, chumm, los no gschwind	**W**	
	(Sophie Hämmerli-Marti)	79	Wär nid chunnt zur rächte Ziit
105	Samichlaus, wie bin i froh	22	Wenn de Draht laat
	(Sophie Hämmerli-Marti)	68	Wenn din Bueb mim Bueb
106	Samichlaus, wo chunnsch du her	69	Wenn hinder Flüge Flüge flüge
29	Sässeli träge	47	Wenn mis Büebli/Meiteli laufe cha
67	Schang stand uf	79	Wer chochet was?
42	Schiffli fahre	115	Wickle, wickle
116	Schlaf, Chindli, schlaf	33	Wie gross isch s Meiteli
103	Schneeflöckli, Wiissröckli	119	Wiegelied (Robert Reinick, Ü E.-M. Wilhelm)
85	Schuelsprüchli	109	Wienacht (Friedrich Spee)
22	Schuemächerli		
110	Silväschter	**Z**	
86	Sind er eue mängs?	67	z Schwyz am Ziit schiint d Sunne
77	Sitze Si, hocke Si	106	Zfride
16	So rite di Herre, di Herre	87	Zinggelibingg
115	Spiis Gott, tränk Gott	40	Zmorge
115	Stand uf, stand uf	92	Zum Geburtstag
77	Stille, stille, stille	43	Zwei Meiteli göhnd go Wasser hole
84	Strubelimutz		

T

75	Teller fäge
50	Tirlitänzli, Chatzeschwänzli
81	Trum, trum, trum
81	Trummle
31	Tschipfu, tschipfu, en Isebahn chunnt

U

38	Über s Wägli
73	Uf de Rapperswiler Brugg
76	Ufem Bi-Ba-Bohnebärg
33	Vater, Mueter
92	Vill Glück und vill Säge (Ü Ernst Wilhelm)

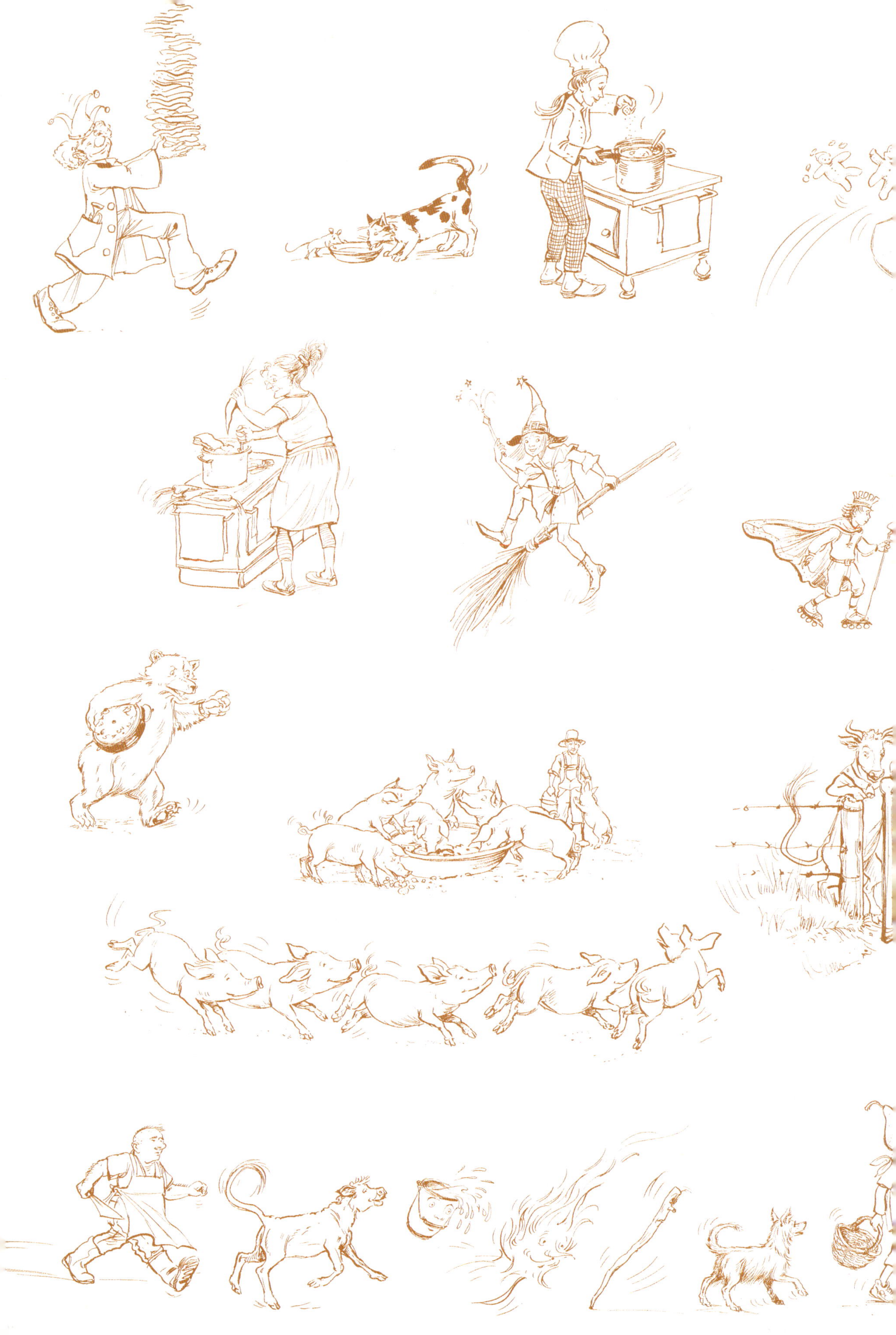